Mariana C.

Inima mea - un labirint

2024

"Inima mea - un labirint" este o carte scrisă de Mariana C. care explorează complexitatea emoțiilor și a relațiilor interumane. Cartea este o călătorie interioară în labirintul inimii umane, unde personajele se confruntă cu propriile lor demoni, traume, speranțe și frământări.

Autoarea oferă cititorilor o perspectivă intimă asupra universului interior al personajelor sale, dezvăluind straturi ascunse ale sufletului uman. Fiecare pagină este ca un puzzle care trebuie rezolvat pentru a înțelege pe deplin complexitatea personajelor și a poveștilor lor.

Prin intermediul unui stil narativ captivant și plin de emoție, Mariana C. reușește să dezvăluie frânturi din lumi interioare adânci, ce vor captiva și emoționa cititorii. "Inima mea - un labirint" este o carte ce te va provoca să explorezi propriile tale emoții și să te întrebi dacă și tu ai un labirint ascuns în inima ta.

"Inima mea - un labirint" este o carte care te va provoca să reflectezi asupra propriei tale căutări interioare și îți va oferi o nouă înțelegere a complexității inimii umane. Este o lectură captivantă și emoționantă, care îți va rămâne în minte mult timp după ce ai închis cartea.

Capitolul 1:
Începuturile labirintului inimii mele.
În acest capitol voi povesti despre cum am
descoperit labirintul inimii mele. A fost o
perioadă confuză și tumultuoasă în care
simțeam că nu îmi găsesc locul și că nu pot
înțelege propriile mele sentimente.

Capitolul 2:
Primele mele căutări în labirint.
În acest capitol voi vorbi despre primele mele
tentative de a naviga în labirintul inimii mele.
Am căutat răspunsuri în conversații cu
prietenii, în cărți sau chiar în introspecție
profundă.

Capitolul 3:
Întâlniri și pierderi în labirint.
 Acest capitol va explora întâlnirile și
pierderile pe care le-am experimentat în
labirintul inimii mele. Am avut relații care m-
au transformat și altele care m-au rănit,
toate contribuind la formarea mea ca individ.

Capitolul 4:
Curburile și cotiturile labirintului.
 În acest capitol voi vorbi despre curburile și
cotiturile neașteptate pe care le-am întâlnit
în labirintul inimii mele.

Uneori am simțit că mă pierdeam complet, dar mereu am reușit să găsesc o cale de ieșire.

Capitolul 5:
 Luminile și umbrele în labirint.
În acest capitol voi explora dualitatea dintre lumină și întuneric în labirintul inimii mele. Am experimentat momente de bucurie și fericire, dar și momente de tristețe și disperare.

Capitolul 6:
Redescoperirea sinelui în labirint.
 În acest capitol voi vorbi despre cum am redescoperit sinelui meu adevărat în labirintul inimii mele. Cu timpul am învățat să îmi accept și să îmi iubesc imperfectiunile, învățând să mă iubesc pe mine însumi.

Capitolul 7:
Evoluția și transformarea labirintului .
Acest capitol va vorbi despre cum labirintul inimii mele s-a schimbat și a evoluat de-a lungul timpului. Am crescut și am învățat multe din experiențele pe care le-am avut, devenind un om mai înțelept și mai puternic.

Capitolul 8:

 Reconcilierea cu labirintul inimii mele.
În acest ultim capitol voi vorbi despre cum am reușit să mă împac cu labirintul inimii mele și să îl accept așa cum este. Am învățat să îmi respect și să îmi prețuiesc inima, înțelegând că toate drumurile pe care le-am parcurs m-au adus exact în locul în care trebuie să fiu.

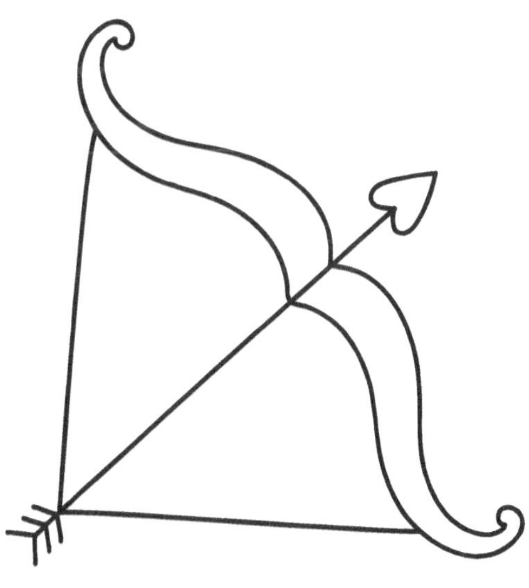

„Inima mea este un labirint în care mă pierd adesea, căutându-mă pe mine însumi."

Capitolul 1:
<u>Începuturile labirintului inimii mele.</u>

***

Labirintul inimii mele a început să se contureze într-o zi de toamnă, când am simțit că totul în jurul meu se prăbușește. Îmi amintesc că era o zi ploioasă, iar frunzele căzute îmi aduceau un sentiment de melancolie și neliniște. Mă simțeam pierdută și singură, în ciuda faptului că eram în mijlocul aglomerației orașului.

Am început să-mi pun întrebări despre cine sunt cu adevărat și care sunt dorințele și visurile mele. Aveam impresia că trăiam viața altora și că îmi neglijam propriile nevoi și aspirații. Îmi doream să descopăr adevărul ascuns în adâncurile inimii mele, dar nu știam de unde să încep.

În acea perioadă, am început să îmi petrec mai mult timp singură, contemplând și reflectând asupra vieții mele. Am descoperit că unele dintre ele erau confuze și contradictorii, ceea ce m-a făcut să realizez că inima mea era un labirint complex, plin de trecuturi și emoții ascunse.

Am descoperit că unele dintre ele erau confuze și contradictorii, ceea ce m-a făcut să realizez că inima mea era un labirint complex, plin de trecuturi și emoții ascunse.Pe măsură ce am început să explorez aceste adâncimi, am descoperit că labirintul inimii mele era plin de uși și căi neexplorate. Mi-am dat seama că era nevoie de răbdare și curaj pentru a naviga prin el și că fiecare pas înainte era un pas către propria mea eliberare și vindecare.

Am început să îmi examinez relațiile cu cei din jurul meu și să îmi pun întrebări despre ce mă motivează și ce îmi doream cu adevărat. Am realizat că mulți dintre oamenii din jurul meu nu mă cunoșteau cu adevărat și că și eu însumi îmi ascundeam adevărurile și vulnerabilitățile.

Am început să îmi deschid inima și să îmi accept și să îmi exprim emoțiile, indiferent de cât de dureroase sau confuze ar fi fost.Pe măsură ce am călătorit prin labirintul inimii mele, am întâlnit părți ale mele de care nu eram conștientă. Mi-am dat seama că inima mea era plină de iubire și compasiune, dar și de frică și durere.

Am învățat să accept toate aceste aspecte ale mele și să le îmbrățișez cu iubire și înțelegere.

Am început să mă conectez cu mine însumi într-un mod mai profund și autentic.

Am început să îmi ascult intuiția și să-mi urmez pasiunile și visurile.

Am început să mă accept așa cum eram, cu toate imperfecțiunile și vulnerabilitățile mele.

Am descoperit că această călătorie a fost esențială pentru a mă elibera de trecut și a mă descoperi pe mine însumi cu adevărat.

Pe măsură ce am avansat prin labirintul inimii mele, am întâlnit și blocaje și obstacole. Uneori, am simțit că nu aveam puterea sau curajul să continui. Dar am învățat că era nevoie de perseverență și încredere în sine pentru a depăși aceste momente dificile.

Am început să mă conectez și cu alți oameni care își explorau propriile labirinturi interioare. Am descoperit că această călătorie era un proces personal și unic pentru fiecare individ și că fiecare avea propriile sale lecții și învățăminte de împărtășit.

Pe măsură ce am continuat să explorez labirintul inimii mele, am descoperit că adevărata eliberare și vindecare nu erau în găsirea unui răspuns sau a unei destinații finale, ci în procesul însuși.

Am început să mă bucur de călătoria mea interioară și să îmi accept că viața este un proces de creștere și transformare continuă.

Astăzi, labirintul inimii mele este încă în lucru, dar am învățat să îmi iubesc și să îmi accept în întregime experiențele și emoțiile. Am învățat că sunt o ființă complexă și minunată, cu multe părți și aspecte diverse.

Și îmi amintesc întotdeauna că acest labirint al inimii mele este locul în care locuiește adevărata esență a mea și că este un loc sacru și plin de înțelepciune și iubire.

Acest concept cheie al învățării de a îți iubi și accepta întregul sine, al explorării labirintului interior al inimii tale și al descoperirii înțelepciunii și iubirii care locuiesc acolo.

Să înveți să îți iubești și să îți accepți întregul sine este un proces profund și transformator. În societatea noastră, suntem deseori învățați să ne judecăm și să ne criticăm în mod constant. Ne compătimim pentru greșelile noastre, ne străduim să ne conformăm unor standarde nerealiste și ne ascundem adevărata noastră esență sub măști și aparențe.

Dar atunci când începi să îți explorezi și să îți
accepteși în întregime toate părțile tale –
luminoase și întunecate, vulnerabile și
puternice, frumoase și imperfecte – începi să
descoperi adevărata ta putere și frumusețe.
Labirintul inimii tale este metafora pentru
complexitatea și profunzimea interioară a
ființei tale. Este locul unde se întâlnesc toate
aspectele tale – emoțiile tale, gândurile tale,
amintirile tale, dorințele tale, fricile tale. Este
călătoria de a naviga prin aceste teritorii
interioare, de a accepta și de a înțelege toate
părțile tale, fără a le respinge sau a le judeca.
Este despre a oferi iubire și compasiune
fiecărei părți a ta, întrucât ele toate
contribuie la întregul tău unic și minunat.
În timp ce explorăm labirintul inimii noastre,
ne întâlnim cu numeroase provocări și lecții.
Ne confruntăm cu umbrele noastre, cu
traumele noastre, cu blocajele noastre
emoționale. Ne recunoaștem fricile noastre,
ne eliberăm de inerție și ne deschidem către
noi modalități de a ne cunoaște și a ne
exprima. Învățăm să ne ascultăm intuiția și să
ne conectăm cu vocea noastră interioară
autentică. Învățăm să ne onorăm adevărul
nostru și să ne trăim viața în acord cu esența
noastră profundă.

Pe măsură ce pășim din ce în ce mai adânc în labirintul inimii noastre, începem să descoperim comori ascunse. Începem să ne conectăm cu înțelepciunea ancestrală a ființei noastre, cu sursa noastră divină interioară. Începem să ne deschidem către iubirea necondiționată și să împărtășim această iubire cu lumea din jurul nostru. Începem să vedem frumusețea și magia care ne înconjoară în fiecare moment și să apreciem fiecare aspect al vieții noastre.

Înțelegerea profundă a labirintului inimii noastre ne poate ghida către vindecarea interioară și transformarea personală. Învățăm că toate experiențele noastre – atât cele plăcute, cât și cele dureroase – au un scop și o învățătură. Învățăm să integrăm aceste experiențe în povestea noastră de viață și să le folosim ca instrumente pentru creștere și evoluție. Învățăm să ne deschidem către conexiuni autentice cu ceilalți și să construim relații din inimă la inimă, bazate pe compasiune, înțelegere și acceptare reciprocă.

Pe măsură ce călătorim prin labirintul inimii noastre, ne putem redescoperi autenticitatea și adevărata noastră lumină interioară.

Ne putem elibera de constrângerile și limitările pe care ni le impunem, și să ne deschidem către noi perspective și posibilități. Putem descoperi puterea noastră interioară și să ne manifestăm adevărata noastră esență în lume cu curaj și încredere. Să îți explorezi și să îți iubești întregul sine este o călătorie cu adevărat transformatorie și vindecătoare. Este o călătorie de a te conecta cu esența ta autentică, de a-ți elibera potențialul maxim și de a-ți trăi viața în plinătate și bucurie. Este o călătorie de a îmbrățișa cu totul inima ta și de a împărtăși lumina și iubirea ta unică cu lumea din jurul tău.

"În inima mea e un labirint,
unde trecutul, prezentul și
viitorul se întâlnesc și se
împletesc într-un dans etern."

***

Navigarea în labirintul inimii mele a fost una complicată și plină de provocări. A fost un proces de introspecție și autocunoaștere care a durat mai mulți ani și care încă nu s-a încheiat complet. Primele mele căutări în labirint au fost pline de confuzie și incertitudine, dar și de curiozitate și dorința de a mă descoperi pe mine însămi mai bine. Unele dintre primele căutări au fost pur și simplu discuții cu prietenii sau cu persoane apropiate, în care am încercat să exprim ce simțeam și să înțeleg de ce anumite lucruri mă afectau atât de mult. Am simțit că aceste conversații mă ajutau să mă eliberez de anumite emoții refulate și să îmi pun în ordine gândurile. În același timp, am realizat că diferențele de percepție între mine și ceilalți mă făceau să mă simt mai singură și neînțeleasă decât înainte.În paralel cu discuțiile cu cei din jur, am început să citesc cărți despre dezvoltare personală și despre cum să îți descoperi adevărata identitate. Mi-au plăcut în mod special cărțile care mă încurajau să reflectez asupra propriei mele persoane și să îmi pun întrebări dificile.

Am citit despre cum să îți identifici valorile și prioritățile în viață, despre cum să-ți explorezi fricile și blocajele emoționale și despre cum să îți găsești scopul și sensul existenței.Aceste cărți m-au ajutat să obțin o perspectivă mai largă asupra propriilor mele emoții și reacții și m-au făcut să îmi dau seama că multe din frământările mele interioare aveau rădăcini adânci în trecutul meu și în experiențele de viață traite. Am început să înțeleg că pentru a naviga în labirintul inimii mele trebuia să mă întorc la rădăcinile problemelor mele și să lucrez la vindecarea traumelor și blocajelor emoționale.

Alte căutări în labirintul inimii mele au fost mai introspective și mai personale. Am început să îmi petrec mai mult timp singură, în liniște, reflectând asupra propriei mele ființe și ascultând vocea interioară a inimii mele. A fost un proces intim și uneori dureros, în care am trebuit să mă confrunt cu anumite aspecte ale sinelui meu care mi se păreau incomode sau chiar înspăimântătoare.În aceste momente de introspecție profundă am descoperit multe lucruri despre mine însămi pe care nu le știam sau pe care le negasem până atunci.

Am realizat că existau multe emoții și amintiri îngropate adânc în sufletul meu care îmi influențau în mod subtil comportamentul și relațiile cu cei din jur. Am început să învăț să mă accept așa cum sunt, cu toate imperfecțiunile și vulnerabilitățile mele, și să mă eliberez de judecăți și presiuni inutile.
Cu timpul, am început să văd căutarea în labirintul inimii mele ca pe un proces continuu și dinamic, în care nu există un răspuns simplu și definitiv la întrebările pe care mi le pun. Am învățat să accept că unele aspecte ale personalității și emoțiile mele sunt în curs de dezvoltare și schimbare și că acest lucru este perfect normal și natural.
În această căutare continuă a sinelui meu am învățat să am răbdare și să îmi acord timpul și spațiul necesare pentru a explora cu curaj și deschidere labirintul inimii mele. Am învățat că nu există răspunsuri corecte sau greșite, ci doar experiențe și lecții de învățat pe drumul către autocunoaștere și autodescoperire.Navigarea în labirintul inimii mele a fost un proces lung și complex, plin de învățături și provocări, dar și de bucurie și transformare.

Am învățat să îmi ascult inima și intuiția și să
îmi urmez pasiunea și adevărul interior,
indiferent de cât de dificil sau incert pare
uneori drumul. Am învățat să îmi accept și să
îmi iubesc pe mine însămi întocmai așa cum
sunt, cu toate umbrele și luminile din inima
mea.

Navigarea în labirintul inimii mele a fost și
continuă să fie o călătorie fascinantă și
revelatoare, care m-a transformat și m-a
îmbogățit în moduri pe care nu le-aș fi putut
anticipa sau imagina vreodată. Am învățat că
cine nu se teme să se piardă în labirintul
inimii sale poate descoperi comori neprețuite
și adevăruri profunde care îl pot ghida și
lumină în călătoria sa pe acest pământ.
Procesul de autocunoaștere și
autodescoperire a început pentru mine cu
introspecția și auto-reflecția. Am început să
îmi pun întrebări despre cine sunt cu
adevărat, ce îmi dorec cu adevărat în viață și
care sunt valorile mele fundamentale. Am
început să îmi explorez emoțiile, gândurile și
credințele și să încerc să înțeleg ce motivează
și îndrumă acțiunile mele.

În acest proces de explorare a labirintului
inimii mele, am descoperit că este important
să fiu sincer și autentic cu mine însumi.

Am învățat că trebuie să îmi ascult intuiția și să îmi urmez inima, chiar dacă uneori aceasta poate fi în contradicție cu așteptările și aprobările celor din jur. Am învățat că nu pot trăi o viață autentică și împlinită dacă nu sunt conectat cu mine însumi și cu adevărul meu interior.Pe parcursul acestei călătorii interioare, am avut parte și de momente de confruntare cu umbrele și partea întunecată a inimii mele. Am învățat că este important să îmi accept și să îmi îmbrățișez toate aspectele ființei mele, inclusiv cele mai întunecate și mai dificile. Am învățat că nu există lumină fără întuneric și că este esențial să integrez și să îmblânzesc aceste aspecte, pentru a mă putea cunoaște și accepta pe deplin.

În paralel cu aceste explorări interioare, am început să practic meditația și mindfulness-ul, pentru a îmi calma mintea și a mă conecta mai profund cu prezentul. Am învățat să respir și să exersez prezența în fiecare moment al vieții mele, pentru a fi mai conectat cu mine însumi și cu energia universală din jur. Am învățat să îmi recunosc și să îmi reglez emoțiile, pentru a gestiona mai bine stresul și anxietatea din viața mea.

Pe măsură ce am continuat să explorez labirintul inimii mele, am început să îmi clarific viziunea și scopul în viață. Am înțeles că suntem toți conectați și că fiecare dintre noi are un rol unic și esențial în acest univers. Am început să îmi ascult chemarea interioară și să îmi îndrept atenția către calea cea mai autentică și expresivă a ființei mele.

În această căutare neîncetată de sine, am învățat că autocunoașterea nu are un sfârșit și că mereu mai există noi aspecte și adâncimi de explorat în inima noastră. Am învățat să fiu deschis și curajos în fața provocărilor și să fiu recunoscător pentru toate lecțiile și experiențele pe care mi le aduce viața.

Pe măsură ce am continuat să navighez în labirintul inimii mele, am descoperit că înțelegerea de sine și autenticitatea sunt cheile către fericire și împlinire. Am învățat că atunci când suntem conectați cu adevărul nostru interior și suntem în armonie cu el, putem găsi pace și bucurie în orice situație și ne putem îndeplini misiunea și destinul pe care ni l-am propus în această viață.

În această căutare a sinelui meu am descoperit că cel mai important lucru este să iubesc și să îmi accept întreaga ființă în toată complexitatea sa. Am învățat că dragostea de sine este fundația pe care putem construi o viață autentică și plină de sens. Am învățat că atunci când ne iubim și ne acceptăm pe noi înșine așa cum suntem, putem găsi pace și armonie în sufletul nostru și în relațiile noastre cu ceilalți. Este o călătorie de o viață, dar merită fiecare moment și fiecare efort pe care îl depunem pentru a ne cunoaște și a ne accepta pe noi înșine.

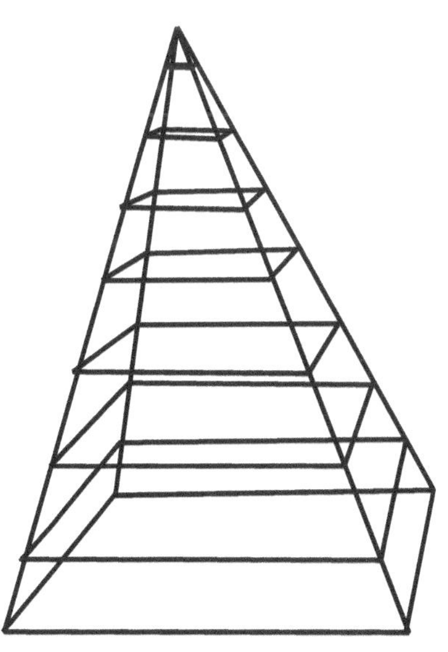

"În inima mea se ascunde un labirint de trăiri și emoții, un loc în care sufletul meu se rătăcește uneori, dar găsește întotdeauna calea înapoi către lumina adevărului."

<u>Capitolul 3:</u>
<u>Întâlniri și pierderi în labirint.</u>

***

Întâlnirile și pierderile din labirintul inimii mele au fost ca un dans al sufletelor, în care uneori m-am pierdut și alteori m-am regăsit. Am avut parte de întâlniri magice, care mi-au luminat calea și mi-au schimbat perspectivele asupra vieții, dar am avut și parte de pierderi dureroase, care m-au răscolit până în adâncurile sufletului meu. Primul pas în labirintul inimii mele a fost făcut în adolescență, când am întâlnit pentru prima dată dragostea. A fost un sentiment intens și palpitant, care m-a transformat în moduri pe care nu le-aș fi crezut posibile. A fost o perioadă plină de emoții puternice, de fluturi în stomac și de dorința de a fi mereu în preajma acelei persoane speciale. Era ca și cum inima mea ar fi bătut la un alt ritm, un ritm al iubirii pur și simple.

Dar acea întâlnire minunată nu a dăinuit mult timp. Pierderea acelei persoane a fost cumplită, lăsând un gol imens în inima mea și punând sub semnul întrebării tot ce știam despre dragoste.

M-am simțit în derivă, pierdut în labirintul emoțiilor mele, neștiind cum să fac față acelei pierderi devastatoare. Dar, cu timpul, am învățat să-mi accept durerea și să merg mai departe, cu inima obosită, dar deschisă pentru alte întâlniri și alte povești de iubire.În căutarea mea prin labirintul inimii mele, am mai avut parte de întâlniri care mi-au deschis ochii și mi-au pus la încercare sentimentele. Am întâlnit oameni care mi-au arătat că iubirea poate fi blândă și plină de înțelegere, dar și oameni care mi-au arătat că iubirea poate fi dură și nemiloasă. Am avut parte de întâlniri care mi-au adus fericire și împlinire, dar și întâlniri care mi-au adus suferință și neînțelegere. Toate acestea au fost pietre de temelie în construcția personalității mele, în formarea mea ca individ complex și unic.

Dar poate cea mai importantă întâlnire din labirintul inimii mele a fost cu mine însumi. A fost momentul când am privit în adâncul sufletului meu și am acceptat toate părțile mele, atât cele luminoase, cât și cele întunecate. A fost momentul când am învățat să-mi iubesc și să-mi accept toate imperfecțiunile, să mă bucur de momentele de fericire și să învăț din momentele de durere.

A fost momentul când mi-am dat seama că eu sunt singura persoană care mă va însoți toată viața și că trebuie să fiu cea mai bună prietenă a mea.În labirintul inimii mele, fiecare întâlnire și fiecare pierdere au avut un scop și o învățătură. Fiecare persoană care a intrat în viața mea mi-a adus ceva valoros, chiar dacă uneori am avut de suferit pentru acel dar. Fiecare moment de fericire și fiecare moment de tristețe au contribuit la formarea mea ca individ și m-au făcut să înțeleg mai bine lumea din jurul meu și pe mine însămi. Astfel, labirintul inimii mele a devenit o hartă a sentimentelor și a experiențelor mele, o călătorie care nu se va sfârși niciodată. Întâlnirile și pierderile din acest labirint sunt ca niște vârfuri și văi într-un peisaj montan, care îmi arată că există întotdeauna lumini și umbre în viața noastră și că trebuie să le acceptăm pe ambele ca parte a acestei călătorii fascinante numită viață. Labirintul inimii mele mă definește și mă completează în același timp. Întâlnirile și pierderile din acest labirint sunt ca niște culori pe o pânză de pictură, care creează un tablou complex și fascinant al ființei mele.

Sunt recunoscătoare pentru fiecare întâlnire și pentru fiecare pierdere, pentru că ele m-au făcut ceea ce sunt azi și mă vor ghida mereu în călătoria mea spre cunoașterea de sine și spre fericirea interioară. Labirintul inimii mele este un vast teritoriu emoțional, un loc de întâlniri și despărțiri, dar mai presus de toate, un loc al creșterii și al evoluției personale.

În acea zi, când am făcut pasul crucial și am hotărât să explorez labirintul inimii mele, nu m-am așteptat la ce aveam să descopăr. Eram hotărâtă să găsesc răspunsuri, să înțeleg de ce simțeam tot ce simțeam, să ajung la o mai bună înțelegere a propriei mele ființe. Nu știam încotro o să mă ducă această călătorie, dar simțeam că era necesar să o fac.

În timp ce pășeam timidă prin coridoarele labirintului meu interior, am fost întâmpinată de emoții puternice și de amintiri pe care le credeam uitate. Îmi simțeam inima bătând cu putere în piept, în timp ce îmi luptam cu fricile și îndoielile care îmi apăreau în cale. Dar am continuat să merg înainte, dornică să ajung la destinația finală.

După ce am străbătut numeroase întorsături și am trecut prin camere întunecate și luminoase, am ajuns în cele din urmă la un loc special. Acolo, în mijlocul labirintului meu, m-am întâlnit cu mine însumi. Am privit în adâncul sufletului meu și am fost copleșită de bogăția și complexitatea pe care am descoperit-o acolo.

Am văzut lumi întregi în ochii mei, am simțit iubire și durere, am trăit momente de bucurie intense și de tristețe profundă. Am înțeles că acele părți luminoase și întunecate ale mele fac parte din mine, că nu pot exista unele fără celelalte. Am acceptat toate aceste emoții, toate aceste aspecte ale ființei mele, și am simțit o eliberare imensă.

În acel moment, am simțit cum inima mea se deschide și cum începe să bată într-un ritm nou, plin de înțelegere și compasiune pentru mine însumi. Am început să mă iubesc așa cum eram, cu toate imperfecțiunile și cu toate greșelile mele. Am învățat să îmi acord iertarea de care aveam atâta nevoie și să îmi ofer sprijinul și susținerea pe care mi le doream atât de mult.Am realizat că eu sunt singura persoană care va fi mereu alături de mine, în fiecare clipă a vieții mele.

Și pentru prima dată în viața mea, am simțit că sunt suficientă așa cum sunt, că nu trebuie să mă schimb sau să mă adaptez pentru a fi iubită și apreciată. Am înțeles că puterea mea stă în capacitatea de a mă accepta și de a mă iubi pe mine însămi, cu tot ce înseamnă asta. A fost un moment de revelație, de eliberare și de vindecare interioară. Am simțit cum greutatea îndoielilor și a fricilor mele dispărea treptat, înlocuită de o lumină interioară care m-a umplut cu căldură și încredere. Am revenit din labirintul inimii mele cu un sentiment puternic de reînnoire și de transformare, pregătită să îmbrățișez viața cu toate provocările și frumusețile ei. De atunci, am călătorit prin labirintul meu interior de nenumărate ori, continuând să explorez și să descopăr părți noi ale ființei mele. Am învățat să mă ascult mai mult, să-mi acord atenția și îngrijirea de care aveam nevoie, să cultiv în mine o relație profundă și autentică cu mine însumi.Labirintul inimii mele a devenit un loc sacru, un spațiu în care am descoperit adevărul despre mine și despre lumea din jur. A devenit un refugiu în care pot să mă regăsesc și să mă reconectez cu esența mea profundă, cu adevărul adevărat despre cine sunt și ce doresc de la viață.

Prin această călătorie interioară, am învățat să mă cunosc mai bine, să îmi accept toate părțile și să le integrez armonios în ființa mea. Am descoperit puterea vindecătoare a iubirii de sine și am simțit cum această iubire se răspândește în jur, transformându-mi relația cu ceilalți și cu lumea înconjurătoare. Astăzi, când privesc în urmă la acea întâlnire crucială din labirintul inimii mele, simt recunoștință și mulțumire pentru că am avut curajul să explorez lucruri adânc îngropate în mine. Am descoperit adevăruri esențiale despre mine și despre viață și am învățat să trăiesc cu deschidere și autenticitate în fiecare moment.

Labirintul inimii mele a devenit acum refugiul meu interior, locul în care mă întorc mereu pentru a mă regăsi și a mă reconecta cu mine însămi. A devenit templul meu sacru, locul în care îmi aduc ofrandele de iubire și recunoștință pentru ființa minunată pe care am fost învățată să o iubesc și să o respect mai mult ca oricând.

"În inima mea este un labirint,
unde fiecare pas este o
întrebare și fiecare răspuns este
o căutare."

Capitolul 4:
Curburile și cotiturile labirintului.

***

Am început să explorez labirintul inimii mele cu un sentiment de curiozitate și emoție amestecate. Mă simțeam ca un călător neînfricat, hotărât să descopăr toate secretele ascunse ale acestei lumi interioare. În timp ce pășeam printre zidurile labirintului, am observat că nu exista o direcție clară, toate căile se contopesc într-o spirală confuză de sentimente și gânduri.

Prima curbură pe care am întâlnit-o a fost cea a iubirii. Am fost surprins de intensitatea trăirilor pe care le-am simțit în această parte a labirintului. Erau momente de fericire absolută, de extaz pur, dar și clipe de durere și suferință inimaginabilă. Am rămas uimit de puterea pe care o poate avea dragostea asupra inimii mele și de modul în care poate schimba traseul pe care mergem.

Pe măsură ce am continuat să explorez labirintul, am descoperit și cotiturile neașteptate ale fricii și insecurității. Erau părți întunecate și întortocheate ale inimii mele, locuri în care îmi era teamă să pășesc pentru că nu știam ce anume urma să găsesc acolo.

Dar am învățat că este important să privești în adâncurile tale cele mai întunecate, să înfrunți aceste frici și să le transformi în putere.Una dintre cele mai provocatoare curbe a fost aceea a pierderii și a regăsirii de sine. Am simțit cum obstacolele și dificultățile vieții mă împingeau într-un colț întunecat al labirintului, unde m-am simțit pierdut și singur. Dar am învățat că este esențial să te regăsești pe tine însuți în mijlocul haosului, să îți găsești vocea interioară și să îți recâștigi puterea personală. O altă curbură interesantă a fost cea a iertării și a eliberării. Am descoperit că inima mea era blocată de resentimente și durere, că nu puteam avansa în labirint până când nu învățam să iert și să mă eliberez de trecut. A fost un proces lung și dificil, dar am realizat că iertarea este cheia către libertate și că fără ea inima mea ar rămâne încarcerată în lanțurile propriei suferințe.

Pe măsură ce am continuat să pătrund în adâncurile labirintului, am întâlnit și cotiturile neașteptate ale compasiunii și altruismului. Am descoperit că inima mea are capacitatea de a se extinde dincolo de propriile interese și de a împărți iubirea și lumină cu cei din jur.

Am simțit o bucurie imensă în momentele în care mi-am putut oferi ajutorul și sprijinul unei persoane dragi sau chiar unui străin în nevoie.

Am ajuns la centrul labirintului inimii mele, acel loc sacru și plin de înțelepciune unde am găsit liniștea și echilibrul atât de căutate. Am realizat că toate curburile și cotiturile pe care le-am întâlnit pe drumul meu au fost parte din călătoria mea interioară, că fiecare experiență a avut un scop și o lecție de învățat.

Labirintul inimii mele este un loc fascinant și întortocheat, plin de trăiri intense și de descoperiri surprinzătoare. Am învățat că este important să îți asumi riscul de a te pierde în propriul labirint, de a explora toate nuanțele și adâncimile inimii tale, pentru că doar așa vei putea descoperi adevărata ta natură și adevărul despre tine. Astfel, fiecare curbură și cotitură devin o oportunitate de a crește, de a învăța și de a te transforma într-o versiune mai autentică și mai puternică a ta însuți.

Pe măsură ce am navigat printre coridoarele întunecate ale vieții, am învățat că compasiunea și altruismul pot fi luminile care ne ghidează prin cele mai dificile momente.

Am descoperit că gesturile mărunte de bunătate și cuvintele de încurajare pot face minuni pentru cei aflați în suferință sau nevoi. Am simțit cum inima mea s-a umplut de căldură și bucurie atunci când am fost martorul transformării unei ființe prin simplul act al empatiei și al oferirii de sprijin. În acest labirint al vieții, am întâlnit și momentele de încercare și de tentație. Am fost pusă în situația de a alege între propriile dorințe și nevoile celor din jur. Am simțit cum ispitele egoismului mă atrăgeau într-o direcție greșită, departe de adevărata mea natură altruistă. Dar am luptat cu aceste demoni interiori și am reușit să rămân fidelă valorilor mele și să aleg mereu calea iubirii și compasiunii.

Am învățat că a fi altruist nu înseamnă să fii neapărat un erou sau un salvator, ci poate însemna pur și simplu să fii acolo pentru cineva atunci când are nevoie de tine.

Am învățat că gesturile mărunte de bunătate și empatia față de ceilalți pot schimba lumea în moduri pe care nu le-am fi putut niciodată anticipa.

Am învățat că fiecare dintre noi are puterea de a face o diferență în viețile celor din jur, chiar și prin cele mai simple acțiuni.

Pe măsură ce am continuat să explorez labirintul compasiunii și altruismului, am realizat că aceste valori sunt cele care dau sens și frumusețe vieții mele. Am simțit cum inima mea a devenit un loc al căldurii și iubirii, unde fiecare sămânță de bine plantată a dat roade de o frumusețe nemărginită. Am trăit bucuria neînțelegerii profunde a faptului că, prin daruire și generozitate, noi ne putem vindeca pe noi înșine și pe cei din jur.

Astfel, am ajuns să înțeleg că compasiunea și altruismul nu sunt doar simple cuvinte, ci adevărate forțe transformative care ne pot schimba pe noi înșine și lumea în care trăim. Am descoperit că aceste valori sunt cheia către adevărata fericire și pace interioară și că ele ne pot ghida pe drumul către împlinire și sens în viață.

Așadar, când mă gândesc la calatoria mea prin labirintul compasiunii și altruismului, nu pot decât să simt recunoștință și bucurie pentru fiecare lecție învățată, pentru fiecare întâlnire care mi-a deschis inima și pentru fiecare moment în care am putut fi acolo pentru cineva în nevoie. Și, în cele din urmă, înțeleg că adevărata bogăție a vieții stă în capacitatea noastră de a iubi și de a ne dărui necondiționat cu inima deschisă.

În calatoria mea prin labirintul întunecat al vieții, am învățat că compasiunea și altruismul sunt cei mai puternici însoțitori pe care îi putem avea. Cu fiecare pas pe care l-am făcut în inima întunecată a suferinței și a nevoii, am descoperit că gesturile mărunte de bunătate și cuvintele de încurajare pot face minuni dintre cele mai neașteptate.

Am simțit cum lumina compasiunii și a altruismului a străpuns întunericul din jurul meu, aducând căldură, speranță și bucurie acolo unde părea că nu mai exista nimic. Mâinile mele, obosite de muncă și de efortul de a face față greutăților vieții, au găsit puterea de a întinde ajutor celor aflați în suferință și de a sprijini pe cei care nu mai aveau puterea să meargă mai departe.

Am fost martorul unor miracole înfăptuite de gesturi simple de bunătate și de empatie. Am văzut cum o simplă îmbrățișare sau un cuvânt de încurajare a putut schimba destine și a adus lumina și pacea în sufletele greu încercate. Am simțit bucuria și satisfacția de a fi fost un instrument al compasiunii, de a fi fost un ajutor în momentele de nevoie și de a fi fost o sursă de inspirație pentru cei din jur.

Prin fiecare faptă de bunătate și fiecare cuvânt de alinare am descoperit că puterea compasiunii este cea care ne poate ghida prin cele mai întunecate și dificile momente ale vieții. Am învățat că a oferi ajutor celorlalți nu ne face mai slabi, ci ne întărește sufletele și ne aduce pacea interioară. Am realizat că compasiunea și altruismul sunt luminile care pot străpunge orice întuneric și pot aduce speranță și lumină acolo unde părea că nu mai exista nimic.

Deci, în mijlocul întunericului și al greutăților vieții, am învățat că compasiunea și altruismul sunt cele mai valoroase arme pe care le putem avea. Fiecare gest de bunătate, fiecare cuvânt de alinare, fiecare atingere de încurajare sunt ca razele de lumină care pot transforma întunericul în lumină și aduce bucurie acolo unde părea că nu mai exista speranță. În lumina compasiunii și a altruismului, putem găsi puterea de a merge mai departe și de a aduce schimbarea și transformarea în viețile celor din jur.

În călătoria mea prin labirintul compasiunii am învățat că a fi empatic și grijuliu față de ceilalți nu este o obligație, ci o binecuvântare. Am descoperit că atunci când îți deschizi inima către cei aflați în suferință, lumina pe care o emani este infinit mai puternică decât orice întuneric. Și că atunci când îți întinzi mâna pentru a ajuta pe cineva, nu doar acorzi un ajutor practic, ci și semeni o sămânță de speranță și iubire în lumea noastră.

Astfel, în mijlocul haosului și al provocărilor vieții, am găsit un motiv de a rămâne uman: compasiunea. Prin gesturi mici sau mari, prin cuvinte blânde sau acțiuni hotărâte, prin prezența noastră sau prin simpla noastră privire plină de înțelegere, putem schimba destine și putem restabili speranța în inimi înfrânte.

Așa că, indiferent de cât de complicat este labirintul vieții, un singur lucru rămâne constant: compasiunea poate fi lumina noastră în întunericul suferinței.

"Inima mea e un labirint
întunecat, plin de taine și secrete,
dar și de căi nevăzute spre
lumina și iubirea infinită."

Capitolul 5:
Luminile și umbrele în labirint.

***

Intrarea în labirintul inimii mele a fost marcată de o strălucire intensă a luminii, care îmi lumina calea și îmi dădea o senzație de fericire și bucurie. Simțeam că nimic nu poate să mă oprească în căutarea adevărului și a liniștii interioare. Însă, pe măsură ce înaintam în labirint, am început să îmi dau seama că lumina avea și umbra ei, iar întunericul începea să mă învăluie treptat. Primele momente de întuneric au fost atât de subtile încât abia le-am putut observa. Simțeam că ceva nu era în regulă, că exista o stare de neliniște care mă împinge să îmi întorc privirea către umbrele care se încolăceau în jurul meu. Încercam să le ignor, să le alung, să le fac să dispară, dar ele erau tot acolo, tot mai insistent în drumul meu spre adevărul ascuns în adâncul labirintului. Și totuși, cu fiecare pas înainte, umbrele deveneau tot mai palpabile, aproape reale. Simțeam cum îmi trec prin suflet frământările și suferințele pe care le

ascunsesem adânc în mine, crezând că le-am
învins și că le-am depășit demult. Îmi
dădeam seama că lumina din mine nu era atât
de puternică precum credeam și că
întunericul avea puterea de a își face loc în
inima mea, lăsându-mă înconjurată de
umbrele trecutului meu.
Într-o zi în care întunericul părea să domine
total, am simțit o durere acută în piept, ca și
cum tot ce eram și tot ce simțeam se
destrăma în mine. M-am prăbușit la pământ
și am plâns cu disperare, simțindu-mă frântă
și pierdută în propriul meu labirint. Nu știam
cum să ies din această stare de deznădejde și
suferință, cum să scap de umbrele care mă
bântuiau și mă împiedicau să văd lumina din
mine.
Dar apoi, pe neașteptate, în mijlocul acestei
furtuni interioare, am simțit cum o rază de
lumină a pătruns în inima mea, încălzindu-
mă și dându-mi speranță. M-am ridicat încet
și am privit în jur, observând că umbrele care
mă înconjurau păreau să se retragă treptat,
incapabile să reziste puterii acelei lumini
interioare care m-a făcut să simt că pot
învinge orice obstacol.
De atunci, am început să înțeleg că lumina și

întunericul sunt două fețe ale aceluiași labirint, două realități inseparabile care coexistă în inima mea. Am început să accept că umbrele din mine sunt o parte integrantă a vieții mele și că nu pot scăpa de ele, ci doar să le învăț să trăiască în armonie cu lumina pe care o port în mine.

Astfel, am continuat să explorez labirintul inimii mele, să mă confrunt cu umbrele și să aduc în lumină întunericul care mă împiedica să evoluez și să mă regăsesc pe mine însămi. Am simțit că fiecare pas făcut în acest labirint mă apropie tot mai mult de cunoașterea profundă a sinelui meu și de împăcarea cu propriile mele contradicții și suferințe.

În fiecare colț al labirintului am descoperit o nouă lumină interioară care m-a ajutat să trec peste obstacole și să ajung mai aproape de esența mea profundă. Am învățat că nu trebuie să mă tem de umbrele din mine, ci să le accept ca pe o parte integrantă a adevărului meu interior și să le folosesc ca pe niște ghiduri către propria mea transformare și eliberare.

Astfel, am învățat să trăiesc în echilibru între lumină și întuneric, să apreciez ambele aspecte ale ființei mele și să le integrez armonios în viața mea de zi cu zi.

Am învățat că nu există victorie fără
înfrângere, că nu există bucurie fără suferință
și că nu există lumină fără umbre.
Prin explorarea acestui labirint al inimii
mele, am descoperit că adevărata
înțelepciune constă în a accepta și a iubi toate
aspectele ființei mele, indiferent cât de
luminoase sau întunecate ar fi ele. Am învățat
că puterea mea interioară vine tocmai din
conștientizarea și acceptarea acestei
dualități, iar eliberarea mea constă în a trăi în
armonie cu toate laturile mele, indiferent cât
de contradictorii ar părea ele la prima vedere.
Astfel, în fiecare zi, în fiecare pas făcut în
labirintul inimii mele, îmi amintesc că
lumina și umbrele sunt prietene și însoțitoare
de drum în călătoria mea interioară, că ele se
completează reciproc și că împreună mă duc
către o cunoaștere mai profundă a sinelui
meu și a vieții mele. Și astfel, cu toate că
labirintul poate părea uneori îngemănat și
aparent imposibil de parcurs, știu că lumina
din mine este mereu prezentă, gata să mă
ghideze și să mă ajute să mă regăsesc pe mine
însămi în mijlocul acestei dualități fascinante
și intrigante.

Am pornit în această călătorie interioară cu inima plină de curaj și dorință de a descoperi adevărul despre mine însămi. Nu a fost o călătorie ușoară, ci una plină de obstacole și provocări pe care trebuia să le înfrunt cu hotărâre și determinare. Fiecare pas făcut în labirintul inimii mele era o căutare neîncetată a adevărului, a ceea ce mă definește cu adevărat ca ființă umană.

Începutul călătoriei a fost marcat de confuzie și incertitudine. Nu știam încotro să mă îndrept sau ce să caut în acest labirint aparent fără sfârșit. Dar cu fiecare pas făcut, am început să înțeleg că uneori este nevoie să te pierzi pentru a te regăsi cu adevărat. Umbrele trecutului meu m-au învăluit încetul cu încetul, aducând la suprafață emoții și trăiri pe care le evitam cu grijă să le explorez.

Am învățat că adevărata putere constă în a-ți accepta propriile vulnerabilități și slăbiciuni, în a privi cu curaj în adâncurile sufletului tău și a scoate la lumină tot ce te defină ca individ. Nu a fost ușor să confrunt umbrele trecutului meu, să le fac față și să le accept în totalitate. Dar știam că doar astfel adevărata vindecare și eliberare puteau să aibă loc în inima mea.

Fiecare pas în labirint a fost însoțit de întrebări, de analize profunde ale propriilor gânduri și acțiuni. Nu puteam să păcălesc inima, să îi ascund adevărul sau să mă mint în ceea ce privește ceea ce simțeam cu adevărat. Eliberarea de propriile minciuni și manipulări a fost o etapă crucială în evoluția mea interioară, în căutarea adevărului și a liniștii sufletești.

Pe măsură ce parcurgeam labirintul inimii mele, am descoperit că fiecare colț ascundea o poveste, o învățătură ascunsă sau o lecție pe care trebuia să o învăț. Am experimentat frământările sufletului meu, am cunoscut teama și durerea, dar am simțit și bucuria și iubirea care se ascundeau în adâncurile inimii mele. Am învățat să accept haosul interior, să îl transform în ordine și înțelegere, să îmbrățișez toate aspectele mele, atât lumină, cât și întuneric.

Călătoria în labirintul inimii mele a fost una de transformare și regăsire. Am simțit cum fiecare pas făcut mă apropia tot mai mult de cunoașterea profundă a sinelui meu, de acceptarea totală a propriei mele ființe. Am descoperit că în spatele fiecărei umbre există o lumină, că fiecare provocare ascunde o lecție importantă, că fiecare durere poartă în ea puterea vindecătoare a iubirii necondiționate.

Nu pot spune că călătoria în labirintul inimii mele s-a încheiat complet, că am ajuns la destinație sau că am rezolvat toate dilemele și conflictele interioare. Este un proces continuu, o căutare fără sfârșit a adevărului și a înțelegerii de sine. Dar simt că am făcut un pas important în această călătorie interioară, că am eliberat multe dintre luptele interioare și conflctele cu care m-am confruntat de-a lungul vieții mele.

În adâncul inimii mele, simt că am găsit acel loc sacru și liniștit, acel spațiu de armonie și echilibru în care mă pot regăsi pe mine însămi cu adevărat. Am descoperit că adevărata putere nu stă în a te ascunde de propriile tale umbre, ci în a le accepta și a le transforma în lumină. Călătoria în labirintul inimii mele mi-a adus claritate și înțelegere, mi-a redat speranța și încrederea în propriile mele forțe și resurse interioare.

Și acum, în fața următoarei curți interioare, a noii mele provocări și aventuri, mă simt pregătită să fac față cu curaj și hotărâre. Știu că labirintul inimii mele este vast și adânc, că ascunde mistere și comori ascunse, dar sunt hotărâtă să continui să explorez și să descopăr tot ce se ascunde în adâncul meu. Călătoria în labirintul inimii mele nu s-a încheiat, ci abia a început, iar eu sunt pregătită să îmbrățișez fiecare pas cu inima deschisă și curajoasă.Labirintul interior este un loc plin de mistere și provocări, unde ne putem pierde cu ușurință dacă nu suntem atenți la fiecare pas pe care îl facem.

 Însă, în același timp, este și o oportunitate unică de a explora adâncurile propriului ființă și de a descoperi adevăruri ascunse până acum.

De-a lungul drumului meu prin labirint, am întâlnit numeroase luminări care mi-au arătat că nu sunt singur în căutarea mea interioară, că există întotdeauna acea scânteie de lumină care ne ghidează pe drumul nostru. Aceste lumini interioare au fost ca niște faruri în întuneric, călăuze care mi-au arătat calea și mi-au oferit încredere în propriile mele puteri.

Prima lumină pe care am descoperit-o a fost cea a curajului. În fața obstacolelor și a fricilor mele, am simțit cum această lumină interioară m-a încurajat să merg mai departe, să înfrunt provocările și să depășesc barierele care îmi stăteau în cale.

Am învățat că nu trebuie să mă tem de
necunoscut, că trebuie să îmi asum riscurile
și să merg înainte cu încredere.

Apoi, am întâlnit lumina credinței. În
momentele de îndoieli și de confuzie, această
scânteie divină mi-a oferit puterea de a crede
în mine și în propria mea capacitate de a
depăși orice obstacol. Am învățat că
încrederea în sine și în Univers este cheia
către succes și că trebuie să nu pierdem
niciodată speranța într-un viitor mai bun.
Următoarea lumină pe care am descoperit-o
a fost cea a iubirii. În relațiile mele cu cei din
jur, am simțit cum această energie pozitivă
m-a împins să fiu mai bun, mai înțelegător și
mai empatic. Am învățat că iubirea este cea
care ne unește și ne hrănește sufletul, că
trebuie să o oferim cu generozitate și să o
primim cu recunoștință.

Dar cea mai puternică lumină pe care am
întâlnit-o în labirintul meu interior a fost cea
a împlinirii. Atunci când am reușit să trec
peste toate obstacolele și să ating esența mea
profundă, am simțit cum această lumină
strălucitoare m-a cuprins într-o emoție
deplină de bucurie și de mulțumire.

Am înțeles că adevărata fericire nu vine din exterior, ci din interior, că este o stare de echilibru și de armonie cu propriul nostru sine.Astfel, călătoria mea prin labirintul interior s-a transformat într-o căutare a sinelui autentic și a adevărului intim. Am învățat că nu trebuie să fugim de umbrele din noi, ci să le acceptăm și să le transformăm în lumină, în călăuze către propria noastră transformare și eliberare. Am învățat că fiecare pas pe care îl facem în acest labirint ne apropie tot mai mult de esența noastră divină și ne oferă oportunitatea de a deveni cei mai buni și mai autentici versiuni ale noastre înșine.

Așadar, în fiecare colț al labirintului, am descoperit o nouă lumină interioară care m-a ghidat și m-a încurajat în călătoria mea interioară. Am învățat că fiecare obstacol este o oportunitate de creștere și de evoluție, că fiecare întuneric ascunde o rază de lumină și că fiecare pas făcut cu curaj și încredere ne apropie tot mai mult de adevărul și de esența noastră profundă. Labirintul interior ne provoacă să ne descoperim și să ne acceptăm cu toate luminile și umbrele noastre, căci doar așa putem atinge adevărata noastră esență și putem străluci în toată splendoarea noastră interioară.

"Inima mea este un labirint în care mă pierd mereu și totuși reușesc să mă găsesc din nou, mai puternică și mai înțeleaptă."

<u>Capitolul 6:</u>
<u>Redescoperirea sinelui în labirint.</u>

***

În viața fiecăruia dintre noi, există momente și perioade în care simțim că ne pierdem pe noi înșine. Ne lăsăm pradă grijilor, fricilor și așteptărilor celor din jur și ajungem să ne pierdem autenticitatea și esența. Mulți dintre noi trecem prin astfel de perioade, în care ne simțim dezorientați, pierduți în labirintul propriilor gânduri și sentimente. Este un proces firesc al vieții, dar ceea ce contează cu adevărat este cum reușim să ne regăsim pe noi înșine, să ne redescoperim adevărata natură și să ne acceptăm așa cum suntem, cu toate imperfectiunile noastre.

Pentru mine, această călătorie către redescoperirea sinelui adevărat a început într-un moment de criză personală. Mă simțeam epuizat, confuz și fără direcție. Mă simțeam disconectat de mine însumi și de ceilalți din jurul meu. Nu mai știam cine sunt cu adevărat și ce îmi doresc cu adevărat de la viață. Mă simțeam ca și cum aș fi rătăcit într-un labirint întunecat, fără să am vreun indiciu despre cum să găsesc calea de ieșire.

Am început să îmi petrec tot mai mult timp singur, în liniște și contemplare. M-am întors către mine însumi și am început să descopăr emoțiile și gândurile care îmi păreau atât de încâlcite și contradictorii. Am început să îmi analizez fricile și așteptările și am realizat că multe dintre ele erau create de mine însumi, datorită unei presiuni constante de a fi perfect în ochii celor din jur. În acea perioadă, am învățat să îmi accept și să îmi iubesc imperfecțiunile. Am învățat să îmi recunosc slabiciunile și să le transform în puncte de forță. Am învățat să îmi vorbesc cu blândețe și compasiune, să nu mă mai critic dur pentru greșelile pe care le făceam. Am învățat să mă iert pentru momentele în care am eșuat și să îmi dau șansa de a învăța din ele.

Pe măsură ce am început să îmi deschid inima și să accept tot ceea ce mă definește, am observat cum încep să mă redescopăr pe mine însumi. Am început să îmi descopăr pasiunile și visele care dormeau în adâncul inimii mele, tăcute și neîngrijite. Am început să îmi ascult intuiția și să iau decizii în funcție de ceea ce simțeam cu adevărat că îmi aduce fericire și împlinire.

Am început să îmi construiesc propria definiție a fericirii și succesului, care să nu se bazeze pe aprobarea sau recunoașterea altora, ci pe autenticitatea și integritatea mea personală. Am învățat să îmi setez limite sănătoase și să nu îmi mai pun în prim plan nevoile și dorințele altora în dauna propriilor mele nevoi și dorințe.

Pe măsură ce am evoluat pe această călătorie a redescoperirii sinelui adevărat, am început să îmi dau seama că autenticitatea și iubirea de sine sunt cheile către o viață plină de sens și împlinire. Am învățat să mă uit în oglindă și să îmi zâmbesc, să îmi spun că mă iubesc și că sunt suficient așa cum sunt. Am învățat să mă bucur de fiecare pas pe care îl fac și să îmi trăiesc viața în prezent, fără să mă mai îngrijorez excesiv de viitor sau de trecut. Astăzi, pot să spun că m-am regăsit pe mine însumi în această călătorie a redescoperirii sinelui adevărat. Am descoperit că esența mea nu constă în ceea ce fac sau în ceea ce am, ci în cine sunt cu adevărat în adâncul inimii mele. Am învățat să îmi accept și să îmi iubesc imperfectiunile, pentru că ele sunt parte integrantă din mine și mă fac unic și special.

Așadar, te încurajez să îți aloci timp pentru a reflecta asupra celor mai profunde emoții și gânduri care îți învăluie inima și mintea. Începe să îți asculte inima și să îți accepți sinelui cu toate imperfectiunile tale. Învață să îți vorbești cu blândețe și iubire, să îți oferi timp și spațiu pentru a te redescoperi și a te reconecta cu adevărata ta esență.

Nu uita că fiecare pas mic pe care îl faci către redescoperirea sinelui tău adevărat este un pas către o viață mai autentică și mai împlinitoare. Fii deschis și pregătit să îți explorezi adâncurile inimii tale și să îți recunoști adevărata valoare și putere interioară. Redescoperă-ți sinelui adevărat în labirintul inimii tale și vei găsi pace și fericire în fiecare colț ascuns al sufletului tău

Această călătorie către autodescoperire și autoacceptare nu este una ușoară, ci una plină de provocări și momente de înfruntare a propriilor frici și incertitudini. Este un proces delicat și profund, care necesită curaj și încredere în propriul sine.

Atunci când începi să îți asculți inima și să îți accepți imperfectiunile, te deschizi către un univers interior bogat și plin de surprize.

Descoperi rădăcinile emoțiilor tale, înțelegi
motivele care stau în spatele gândurilor tale
și îți dai seama de adevărata ta putere
interioară.

Este important să îți vorbești cu blândețe și
iubire, să îți oferi spațiu pentru a te exprima
liber și autentic. În acest fel, începi să
dezvolți o relație mai profundă și autentică cu
tine însuți, în care îți accepți și îți ierți
trecutul, îți întâmpini fricile și îți îmbrățișezi
vulnerabilitatea.

Pe măsură ce te pătrunzi mai adânc în inima
ta, descoperi că adevărata ta esență este una
strălucitoare și puternică. Îți dai seama că ești
mult mai mult decât credeai, că ai atât de
multă iubire și înțelepciune în interiorul tău,
așteptând să fie descoperite și exprimate.

Deși procesul de autodescoperire poate fi
uneori dificil și dureros, este totuși o
călătorie care merită întreprinsă. De fiecare
dată când îți accepți și îți iubești sinele, te
apropiei mai mult de adevărul tău autentic și
de conexiunea ta cu Universul.

Așadar, îți recomand să îți acorzi timpul și
spațiul necesar pentru a îmbrățișa această
călătorie interioară. Explorează cele mai
profunde emoții și gânduri care te definesc,

întoarce-te la esența ta pură și începe să îți trăiești viața în conformitate cu adevăratul tău sine. Autodescoperirea este cheia către fericire și împlinire, iar tu ești cel care deține puterea de a-ți transforma viața într-un adevărat rai pe pământ.

Încredere în tine și în frumusețea ta interioară!

Am realizat că mulți ani am trăit conform așteptărilor altora, că am ajuns să mă neglijez pe mine însumi pentru a satisface nevoile și dorințele celor din jur. Am simțit, însă, că acum era momentul să pun capăt acestui ciclu vicios și să încep să mă iubesc și să îmi acord valoarea pe care o meritam. Am început să îmi trasez obiective și să îmi urmez pasiunile, indiferent de ceea ce păreau să creadă ceilalți.

Cu fiecare pas pe care îl făceam către autodescoperire, simțeam cum o nouă lume se deschidea în fața mea. Am început să îmi cultiv încrederea în mine și să îmi asum riscuri pe care în trecut nu le-aș fi avut curajul să le iau. Am învățat că greșelile fac parte din procesul de creștere și că este important să îți asumi responsabilitatea pentru ele și să înveți din ele.

Și astfel, încetul cu încetul, am început să mă redescopăr pe mine însuși, să îmi accept toate defectele și calitățile, să învăț să trăiesc în prezent și să apreciez tot ceea ce aveam deja în viața mea. Am învățat că fericirea nu constă în a avea totul, ci în a aprecia tot ceea ce ai deja și să fii recunoscător pentru toate experiențele pe care le trăiești.

M-am concentrat pe dezvoltarea personală și spirituală, căutând să îmi îmbunătățesc abilitățile și să îmi îmbogățesc cunoștințele. Am participat la cursuri și workshop-uri de dezvoltare personală, am citit cărți motivaționale și am călătorit în locuri noi pentru a experimenta și învăța cât mai multe posibil.

În timp ce exploram această călătorie a redescoperirii de sine, am realizat că visele și pasiunile pe care le aveam în trecut încă ardeau în interiorul meu, așteptând să fie alimentate și îndrumate către manifestare. Am început să îmi explorez pasiunile și să îmi urmez visurile, fără frică sau îndoială în propriile mele capacități.

Am descoperit cât de liberă și împlinită mă simt atunci când îmi urmez pasiunile și trăiesc în aliniere cu adevărata mea natură. Am simțit cum energia și entuziasmul curgeau liber prin mine atunci când mă dedicam cu pasiune și determinare ceea ce îmi aducea bucurie și satisfacție.

În fiecare zi mă trezesc plin de recunoștință pentru oportunitatea de a trăi autentic și de a mă exprima în mod liber și creativ. Am învățat că încrederea în sine și iubirea de sine sunt cheile către o viață împlinită și fericită și că atunci când ne ascultăm intuiția și îndemnurile interioare, suntem ghidați către calea noastră cea mai înaltă.

Fiecare zi este acum o aventură în descoperirea de sine, o călătorie în profunzimea ființei mele și o oportunitate de a crește și de a evolua în mod constant. Am acceptat că suntem într-o continuă transformare și că este important să fim deschiși și receptivi la schimbare și la noi posibilități și experiențe.

În această călătorie a autodescoperirii, am învățat să mă iubesc așa cum sunt, cu toate imperfectiunile și neajunsurile mele. Am realizat că ceea ce mă definește nu sunt doar succesele și realizările mele, ci și eșecurile și greșelile pe care le-am făcut de-a lungul drumului. Acestea au fost lecțiile care m-au ajutat să cresc și să devin o versiune mai bună a mea însumi.

Mă simt binecuvântat că am avut curajul de a îmi deschide inima și de a mă confrunta cu fricile și vulnerabilitățile mele. Această experiență de autodescoperire și autocunoaștere m-a transformat și m-a ajutat să mă conectez mai profund cu mine însumi și cu ceilalți din jurul meu.

În fiecare zi mă trezesc recunoscător pentru că am avut curajul să îmi urmez inima și să îmi trăiesc viața în armonie cu valorile și credințele mele. Am învățat că fericirea adevărată vine din interior și că este important să ne ascultăm adevărata voce interioară și să ne trăim viețile în mod autentic și autentic.

Viața este o călătorie de autodescoperire și de creștere continuă, iar eu sunt recunoscător pentru toate lecțiile și experiențele pe care le-am trăit până acum. Sunt deschis și pregătit să îmbrățișez toate provocările și oportunitățile care îmi vor apărea în cale, știind că sunt ghidat de propria mea lumină și de iubirea infinită a universului.

Îmi doresc ca fiecare persoană să își găsească curajul de a se deschide către adevărul său interior și de a se redescoperi pe sine într-un mod profund și autentic.

Când ne acceptăm pe noi înșine așa cum
suntem și ne trăim viețile conform adevărului
nostru interior, descoperim adevărata
noastră putere și fericire.

Capitolul 7:
Evoluția și transformarea labirintului .

***

Labirintul inimii mele a fost mereu un loc plin de taine și mistere, un loc în care sălășluiesc toate emoțiile și trăirile mele. Încă de mic copil, am simțit că inima mea este un labirint în care trebuie să găsesc răspunsuri la întrebările mele, să explorez adâncurile mele și să învăț să mă cunosc cu adevărat.

În copilărie, labirintul inimii mele era un loc plin de entuziasm și curiozitate. Descopeream lumea din jurul meu cu ochii mari și inima deschisă, fără să mă tem de necunoscut. Îmi plăcea să mă joc în labirintul inimii mele, să îmi creez povești și să îmi imaginez aventuri fantastice. Era un loc în care magia exista și orice era posibil.

Pe măsură ce am crescut, labirintul inimii mele s-a schimbat și a evoluat. Am început să descopăr laturi noi ale personalității mele, să înțeleg că nu totul este mereu roz și că viața este plină de provocări și obstacole. În labirintul inimii mele am întâlnit frici și incertitudini, am simțit durere și suferință, dar am învățat să le accept și să le înfrunt cu tărie.

Am trăit momente de bucurie și fericire în labirintul inimii mele, momente în care am simțit că sunt invincibil și că pot să înving orice obstacol. Am iubit cu intensitate și pasiune, am suferit din dragoste și am înțeles că uneori, cel mai mare război îl purtăm cu noi înșine. Labirintul inimii mele a fost martor la toate aceste emoții și trăiri intense. Cu trecerea timpului, labirintul inimii mele a devenit un loc de refugiu și de introspecție. Am învățat să mă ascult mai mult, să îmi ascult inima și să înțeleg că adevărata putere rezidă în capacitatea noastră de a ne accepta așa cum suntem. Am căutat răspunsuri în labirintul inimii mele și am găsit confort și înțelegere în acele clipe de liniște și contemplare.

Astăzi, labirintul inimii mele este un loc în care am găsit echilibrul și armonia interioară. Am învățat să îmi gestionez emoțiile și să îmi accept vulnerabilitatea, să îmi ascult intuiția și să îmi urmez visele. Labirintul inimii mele este o parte integrantă din identitatea mea și mă definește ca persoană.

În labirintul inimii mele am descoperit că viața este un drum cu multe încrucișări și că trebuie să fim deschiși la schimbare și transformare.

Am învățat că putem evolua și crește doar prin acceptarea și înțelegerea noastră profundă. Labirintul inimii mele este locul unde am învățat cel mai mult despre mine și despre lumea înconjurătoare.

Astfel, evoluția și transformarea labirintului inimii mele au fost rezultatul unui proces îndelungat de auto-descoperire și autocunoaștere. Am învățat să accept partea întunecată a inimii mele, să îmi îmbrățișez vulnerabilitatea și să îmi cunosc adevărata putere. Labirintul inimii mele a devenit colacul meu de salvare în momentele de cumpănă și un refugiu în momentele de liniște și contemplare.

Cu fiecare pas făcut în labirintul inimii mele, am devenit o versiune mai bună a mea, mai înțeleaptă și mai puternică. Am învățat că adevărata călătorie nu este cea în afara noastră, ci cea din interiorul nostru, în labirintul inimii noastre. Acolo, în adâncuri, se ascund adevărurile adevărate și răspunsurile adevărate pe care le căutăm cu atâta disperare.

Labirintul inimii mele rămâne locul cel mai sacru și intim din ființa mea, locul unde mă regăsesc și îmi găsesc echilibrul interior.

Este o călătorie fără sfârșit, în care evoluția și transformarea sunt parte integrantă a procesului de autocunoaștere și autodezvoltare. Labirintul inimii mele continuă să mă surprindă și să mă încânte cu fiecare trecere, fiind o sursă nesecată de învățături și înțelepciune.

– În labirintul inimii mele, fiecare cotitura aduce cu sine o noua provocare, o noua incercare de a intelege si de a accepta ceea ce se intampla in jurul meu. Drumul meu a fost plin de obstacole si de imprevizibilitate, dar am invatat ca acestea sunt parte din procesul de evolutie si ca fiecare experienta ne ajuta sa devenim mai puternici si mai intelepti. Labirintul inimii mele este un loc plin de emotii si de trairi intense. Aici am descoperit frumusetea vulnerabilitatii si puterea de a ma deschide cu adevarat catre ceilalti. Am invatat ca a fi sincer cu mine insami si cu ceilalti este cea mai importanta forma de autenticitate si ca doar astfel pot construi relatii autentice si profunde.

– In labirintul inimii mele am descoperit ca vindecarea nu vine din exterior, ci din interior. Am invatat ca a-i accepta si iertai pe cei din jur este un act de iubire de sine si ca doar astfel pot elibera negativitatea si pot gasi linistea interioara.

Am descoperit ca a fi recunoscator pentru toate experientele mele, atat bune cat si rele, este cheia spre vindecare si implinire. Labirintul inimii mele este un loc al transformarii si al reinventarii. Am invatat ca schimbarea este o constanta in viata si ca trebuie sa fiu deschis la noi perspective si la noi oportunitati. Am descoperit ca a fi flexibil si adaptabil este cheia spre a evolua si a creste atat personal, cat si profesional.

 - In labirintul inimii mele am descoperit ca dragostea este cea mai puternica forta din univers si ca ea poate vindeca rani adanci si poate uni suflete despartite. Am invatat ca a iubi cu adevarat inseamna a fi dispus sa renunti la propriile frici si resentimente si sa te deschizi cu inima plina de iubire si de compasiune.

Labirintul inimii mele este un loc al eliberarii si al transcendentei. Aici am invatat sa ma eliberez de trecut si de griji si sa traiesc in prezent cu inima deschisa. Am descoperit ca rugaciunea si meditatia sunt instrumente puternice de conectare cu divinul si de gasire a linistii interioare. Am invatat ca a trai in armonie cu sine insusi si cu ceilalti este calea catre fericire si implinire.

- In labirintul inimii mele, am descoperit ca suntem cu totii interconectati si ca fiecare actiune pe care o facem are un impact asupra intregii lumi. Am invatat ca a fi bun si generos cu ceilalti este cea mai frumoasa forma de altruism si ca doar astfel putem crea o lume mai buna si mai luminoasa pentru toti.

Labirintul inimii mele este locul unde am invatat sa ma accept asa cum sunt, cu toate imperfectiunile si cu toate traumele mele. Aici am invatat ca a intelege si a accepta partile intunecate ale sufletului meu este primul pas spre vindecare si spre reintegrare. Am descoperit ca a fi autentic si vulnerabil este cea mai mare putere pe care o am si ca doar astfel pot sa traiesc o viata autentica si plina de sens.

- In labirintul inimii mele, am descoperit ca sensul vietii consta in a iubi si a trai cu inima deschisa. Am invatat ca a trai in conformitate cu valorile si cu adevarul nostru interior este cea mai mare forma de expresie a autenticitatii si a maretiei noastre. Am descoperit ca a fi recunoscator pentru fiecare zi si pentru fiecare experienta este cheia spre a trai o viata plina de bucurie si de implinire.

Labirintul inimii mele este locul unde am descoperit ca suntem fiinte spirituale calatorind pe Pamant intr-o experienta umana. Aici am invatat ca a fi conectat cu divinul si cu forta universala este calea spre iluminare si spre gasirea sensului vietii. Am invatat ca a fi in aliniere cu adevarul nostru interior si cu scopul nostru divin este cea mai mare forma de implinire si de fericire pe care o putem experimenta.

Labirintul inimii mele este locul unde am invatat ca tot ceea ce cautam se afla deja in noi insine, ca adevarata fericire si adevarata implinire se gasesc in interiorul nostru. Aici am descoperit ca a trai cu inima deschisa si cu sufletul eliberat de frici si resentimente este cea mai mare forma de libertate si de iubire pe care o putem experimenta. Am invatat ca a fi conectat cu esenta noastra divina si cu lumina interioara este cea mai mare forma de a trai o viata plina de sens si de bucurie. Astfel, labirintul inimii mele nu este doar un loc fizic, ci este o metafora pentru procesul de evolutie si de transformare prin care trecem toti. Este locul unde ne putem reconecta cu noi insine, cu divinul si cu ceilalti, unde putem gasi vindecare, eliberare si fericire.

Este locul unde ne putem descoperi adevarata natura si puterea noastra interioara, unde putem gasi sensul vietii si adevarata esenta a existentei noastre.

Labirintul inimii mele este locul unde am gasit pace si lumină interioară și unde am descoperit adevărata esență a ființei umane.

Capitolul 8:
Reconcilierea cu labirintul inimii mele.

Reconcilierea cu labirintul inimii mele a fost un proces lung și anevoios, dar extrem de necesar pentru propria mea evoluție și fericire. Am trecut prin multe momente de confuzie, întrebări fără răspunsuri și perioade de introspecție profundă pentru a ajunge în punctul în care pot spune că m-am împăcat cu mine și cu toate facetale mele. Așa cum labirintul este simbolul căutării interioare și a drumului spre sine, inima mea a fost mereu un loc plin de întrebări și provocări. Am încercat mereu să găsesc un sens în tot ceea ce simțeam și să găsesc răspunsuri la întrebările care îmi bântuiau gândurile. Dar nu întotdeauna am reușit să găsesc acel echilibru și acea liniște interioară de care aveam atâta nevoie.

Cu toate acestea, am învățat să apreciez fiecare buclă a labirintului inimii mele și să o accept așa cum este. Am învățat să nu mă mai lupt împotriva sentimentelor mele sau a emoțiilor care mă copleșeau uneori, ci să le accept ca parte integrantă a ființei mele și să învăț să le gestionez într-un mod sănătos și constructiv.

Un aspect important al reconcilierii cu labirintul inimii mele a fost învățarea să îmi respect și să îmi prețuiesc propria valoare. Am realizat că este crucial să îmi acord timp și atenție, să îmi ascult nevoile și să îmi ofer compasiune în momentele dificile. Am învățat să îmi acord iertare pentru greșelile trecute și să îmi ofer sprijinul de care aveam nevoie pentru a merge mai departe.

Am descoperit că fiecare răspuns la întrebările mele se află în mine însămi, căutându-l cu atenție și discernământ. Am învățat să mă conectez cu partea mea interioară și să ascult vocea inimii mele, care îmi ghidează pașii pe drumul vieții mele. Cu fiecare pas făcut în labirintul inimii mele, am descoperit noi aspecte ale ființei mele și am învățat să le accept așa cum sunt, fără judecăți sau prejudecăți.

Reconcilierea cu labirintul inimii mele a fost și este un proces în continuă evoluție, în care trebuie să fiu deschisă și receptivă la schimbări și transformări. Am învățat că nu există un răspuns absolut sau o soluție unică pentru toate problemele mele, ci că ceea ce contează este căutarea sinceră a adevărului interior și găsirea echilibrului și armoniei în propria mea ființă.

Am decis să încep călătoria către inima mea, către labirintul în care se ascundeau secretele și dorințele mele cele mai adânci. Știam că această călătorie nu va fi ușoară, căci era plină de obstacole și pericole, dar aveam încredere că în interiorul meu se aflau răspunsurile de care aveam nevoie pentru a-mi găsi pacea și echilibrul interior.

Și așa, am început să pășesc pe cărările labirintului inimii mele, în căutarea mea adevărată, a esenței mele autentice. Încă de la început, am simțit cum emoțiile mele se stârneau și se contopeau într-un dans al luminii și întunericului, al iubirii și suferinței. Însă nu m-am oprit din drum, ci am continuat să merg mai departe, cu gândul că fiecare pas înainte mă va apropia tot mai mult de adevărul meu interior.

Pe măsură ce parcurbeam calea labirintului inimii mele, am descoperit că fiecare cotitura ascundea o altă fațetă a personalității mele, o altă parte din mine pe care nu o cunoșteam sau o ignorasem în trecut. Am întâlnit umbrele trecutului meu, dar și lumina speranței pentru viitor, iar fiecare întâlnire m-a făcut să înțeleg că femeia și omul din mine sunt într-o continuă căutare de echilibru și armonie.

Aveam senzația că fiecare pas înainte era însoțit de o revelație surprinzătoare, de o lecție nouă pe care trebuia să o învăț și să o integrez în ființa mea. Descopeream că puterea inexprimabilă de a fi femeie și om în același timp era în mine, că toate frământările și dilemele mele erau doar reflexii ale unui eu profund și complex, ce aștepta să fie descoperit și acceptat. Labirintul inimii mele devenise un loc al întâlnirii cu mine însumi, cu adevărul meu autentic și cu vulnerabilitățile mele ascunse. În fiecare cotitura, îmi întâlneam propriile frici și neputințe, dar și curajul și puterea de a le depăși. Nu mai eram doar o femeie sau un om, ci eram o entitate întreagă și completă, care își asuma trecutul, prezentul și viitorul cu toate nuanțele și contradicțiile lor.

În acest labirint al inimii mele, am învățat să iert, să mă iert și să mă accept așa cum sunt, cu toate greșelile și imperfecțiunile mele. Am învățat că iubirea de sine este cheia către echilibrul interior și că doar acceptându-mă pe mine însumi așa cum sunt pot să găsesc drumul către adevărata fericire și împlinire.

Pe măsură ce călătoria în labirintul inimii mele continua, am simțit că în mine se deschideau noi spații de explorat, noi întrebări de pus și noi răspunsuri de găsit. Ceea ce la început părea complicat și înfricoșător, acum devenise o explorare fascinantă a propriei mele ființe, a propriei mele esențe.

Nu mai era vorba doar despre reconcilierea cu mine însumi, ci și despre explorarea nevăzutului din mine, despre deschiderea către noi posibilități și orizonturi. Fiecare pas făcut în labirintul inimii mele era o călătorie către propriul meu eu, către adevărul meu autentic și către libertatea de a fi cu adevărat eu însumi.

În cele din urmă, am ajuns la centrul labirintului inimii mele, acolo unde lumina și întunericul se contopeau într-un dans magic al echilibrului și armoniei. Și în acel moment, am simțit că am atins adevărata înțelepciune, că am găsit pacea și liniștea pe care le căutam atât de mult în interiorul meu.

Reconcilierea cu labirintul inimii mele nu a fost doar o călătorie interioară, ci o redescoperire a propriei mele esențe și a puterii inexprimabile de a fi femeie și om în același timp.

Este o călătorie care nu se termină niciodată, ci continuă să-mi dezvăluie noi taine și înțelesuri, într-un dans etern al luminii și întunericului, al iubirii și suferinței, al înțelepciunii și frăției umane. Iar eu sunt recunoscătoare că am avut curajul să pășesc pe acest drum și să învăț lecțiile pe care mi le-a oferit labirintul inimii mele. Am devenit o ființă mai puternică, mai înțeleaptă și mai empatică, gata să împărtășesc lumina și iubirea mea cu lumea întreagă, în numele reconcilierii și al transformării interioare.și apropie.Pot spune că reconcilierea cu labirintul inimii mele a fost una dintre cele mai frumoase călătorii pe care am avut privilegiul să o parcurg. Am descoperit o lume interioară bogată și plină de surprize, în care fiecare întorsătură a labirintului m-a condus către o înțelegere mai profundă a sinelui meu și a rostului meu în această lume complexă și minunată. Am învățat să mă iubesc așa cum sunt și să îmi accept toate imperfecțiunile, știind că ele mă definesc și mă fac unică și specială în felul meu.Reconcilierea cu labirintul inimii mele nu a fost doar o călătorie interioară, ci o redescoperire a propriei mele esențe și a puterii inexprimabile de a fi femeie și om în același timp.

Este o călătorie care nu se termină niciodată, ci continuă să-mi dezvăluie noi taine și înțelesuri, într-un dans etern al luminii și întunericului, al iubirii și suferinței, al înțelepciunii și frăției umane. Iar eu sunt recunoscătoare că am avut curajul să pășesc pe acest drum și să învăț lecțiile pe care mi le-a oferit labirintul inimii mele.

"Inima mea este un labirint
unde se ascund secretele mele
mai adânci și unde drumurile se
intersectează într-o confuzie
aparent infinită."